Norbert Scheurig

Gedichte der Weg!

Der Weg zum Ziel ist nie bequem,
sondern steinig und steil!

Bilder und Fotos gemeinfrei aus Wikimedia Commons
oder von Norbert Scheurig

Oft, sind Gedichte ein Spiegel des eigenen Lebens.

Manchmal hinter gedanklichen Mauern, eigenen Egoismen oder nur weil wir vergessen haben, dass alle vergänglich sind! Dabei ist es völlig egal ob man Präsident eines Landes, Filmstar, Musikheld, Fußballgott oder Arbeiter in einer Firma war. Irgendwann geht man so wie man kam. „Nackt" Ohne Geld und Macht, ohne Titel und Orden, nur ganz allein als sich selbst!

Klar, wer mich kennt, kann meine Worte, meine Gedichte und mein Denken verstehen und diese in einer Schublade einordnen. Wer mich nicht kennt, sollte nachdenken, in welcher Schublade seiner Gedankenwelt, meine Gedichte, meine Zitate und meine Worte, Platz finden!

Herzlichen Dank und Gruß von Norbert Scheurig.

Bild: August Macke
(Gemeinfrei)

Für mein folgendes Gedicht,
„Des Volkes Stimme schweigt"

Des Volkes Stimme schweigt!

Lustlos, gedankenlos, machtlos,
Netzwerke des Bösen
umspannen die halbe Welt.
Kriegstreiber und Mordbrenner
werden immer mehr,
aber wir schweigen!

Neue Faschisten suhlen sich
im Sumpfe der Armut,
kreischend, protestierend,
mit gnadenloser Gier,
nach Anerkennung und Macht.
Des Volkes Stimme schweigt!

Menschen …………?
starrer Blick, tote Augen,
desillusionierte Roboter.
Solidarität, Sozial, Teilen,
Worte ohne Wert.
Nur noch bittere Stille.

Das Labsal „Gerechtigkeit"
weicht der Torheit „Angst"
Alle wären gleich,
nur noch lachen, wenn man kann,
Träume von Verlierern,
wortlos ohne Sinn.

Festgekrallt an Hoffnung,
bis zum Ende ihrer Kraft.
Ohne Abschiedsglocken,
selbst Kirchenchöre schweigen,
keine Sänger, keine Lieder.
Was haben Sie aus uns gemacht?

Hassparolen

Wer andere quält mit Hassparolen,
den wird einst der Teufel holen,
klar, wird er nicht im Feuer brennen,
man wird ihn aber Dummkopf nennen!

Seht!

Geht hinaus und seht die Pracht,
die Natur uns Menschen macht.
Blumen voller farbig Lust,
Büsche, Bäume ohne Frust.

Um sie herum in ihnen drin,
Leben voller Zweck und Sinn.
Aus Profitlichkeit und Gier,
vernichten wir das alles hier.

Wir streuen Gift auf unser Essen,
damit Tiere es nicht fressen.
Züchten Fleisch für unser Wohl,
ich glaub wir sind im Kopfe hohl.

Wenn der Ertrag vom Ackerland,
zu viel als im Vertrage stand.
Wirft man es einfach weg,
wie den aller letzten Dreck!

Zivilisation man es nun nennt,
und die halbe Welt verbrennt.
Kinder voller Hunger schreien,
keinem wird man je verzeihen!

Zeige Herz

Geh nicht vorbei,
am Weltenschmerz,
mache dich frei,
zeige Herz.

Bleibt jeder stehen,
bei Qual und Leid,
andere verstehen,
seid alle bereit.

Geht man vorüber,
sieht nur sich,
verklingen die Lieder,
auf ewiglich.

(Bild gemeinfrei aus Wikimedia Commons)

Piccolo – Grande

Er war der kleinste hier auf dieser Welt,
harte Arbeit, wenig Geld.
Glücklich war er immerdar,
weil er rein im Herzen war.

Mit jedem Menschen den er kennt,
ob Bekannter oder fremd,
teilte er sein letztes Brot,
lindert damit größte Not.

Selbst Tiere, die andere traten,
ihn um seine Liebe baten,
nahm er alle bei sich auf,
Spott nahm er dabei in Kauf.

Er spendet Trost für jedermann,
so gut als möglich er es kann.
Helft mir bitte, bin sehr krank,
ließ man ihn allein zum Dank!

Es kam der Tag, er ging ins Licht,
auf Erden war er nur ein Wicht.
Er ging nun heim ins Paradies,
was ihn zum Größten werden ließ.

Foto: Norbert Scheurig

Turm oder Turm

Achtzig Prozent Verdummte im Land,
drückt man immer stärker zur Wand.
Zwanzig Prozent Kapital und Macht,
werden täglich größer gemacht.

Bereuen werden sie es nicht,
damit ihr Turm nicht zusammen bricht.
Je höher der Turm nach oben geht,
je geringer der Druck, wenn ihr mich versteht.

Die Last wird von oben nach unten mehr,
dies zu begreifen ist doch nicht schwer.
Ist das Fundament kaputt und zerfressen,
fallen die oberen Steine auch, das wurde
vergessen!

Wird aber der untere Teil gepflegt,
die Dachkonstruktion nicht zu schwer ausgelegt,
trotzt dieser etwas andere Turm,
jedem Wetter und jedem Sturm.

Leider wird es diesen Turm nie geben,
da Menschen im Leben nach anderem streben.
Solch ein Werk wird niemals gelingen,
da zwanzig Prozent über achtzig bestimmen!

Gemeinfrei aus Wikimedia Commons
Eigenes Werk: Veleius

Oft, sind Gedichte ein Spiegel des eigenen Lebens.

Im Wandel der Zeit

Im Wandel der Zeit,
wird vieles vergessen,
auch Freud und Leid,
das man einst besessen.

Im Wandel der Zeit,
sterben Gedanken,
Unmenschlichkeit,
kennt keine Schranken.

Im Wandel der Zeit,
sind einige satt,
andere hungern,
bald macht man uns platt.

Im Wandel der Zeit,
Natur wird zerstört,
die nicht uns
sondern den Kindern gehört.

Im Wandel der Zeit,
voller Moderne,
erlöschen einst,
am Himmel die Sterne.

Im Wandel der Zeit,
wenn all wir uns ändern,
kann man gemeinsam,
die Welt verändern.

Ziel oder Ziel

Auch mit kleinen Schritten
kann man sein Ziel erreichen.

Doch wer zu schnell zum Ziele rennt,
erschöpft,
den Zielstrich nicht erkennt,
steht davor noch in Ewigkeit!

Foto: Norbert Scheurig

Trauriger Mond

Trauriger Mond, weine nicht,
wenn auch fast das Herz zerbricht.
Dein Mitleid ist dem Mensch egal,
auch bei der größten Seelenqual.

Ihre Seelen sind vor lauter Leiden,
gestorben schon seit langen Zeiten.
Nur noch Hüllen ohne Herz,
„Mond" vergesse deinen Schmerz.

Sie werden bald hinweg gefegt,
der Grundstein wurde selbst gelegt,
Ihr Gold, ihr Geld, ihr ganzer Kram,
verschwindet tief im Ozean.

Die Augen auf und sehen,
wie Winde durch die Bäume wehen.
Die Ohren auf und hören,
Musik von vielen tausend Chören.

Keine Kriege, kein Geschrei,
für dich ist dieser Spuk vorbei.
Nie mehr Rauch Benzingestank,
Halleluja, Gott sei Dank.

Gedicht zum 1 Mai ....!

Als die Alten Lieder sangen.

Als die Alten Lieder sangen,
von Freiheit und von Ehre,
für andere ins Feuer sprangen,
ist heute nur noch Leere.

Gestorben ist Gemeinsamkeit,
liegt tief im kühlen Grab,
brutal hat Macht und Geld gezeigt,
wer das Sagen hat.

Erst gaben sie uns neues Geld,
wir glaubten ihren Lügen,
dann schufen sie globale Welt,
Menschlichkeit blieb liegen.

Wenig Lohn und Mehrarbeit,
dann wird jeder von euch satt,
seid ihr nicht dazu bereit,
machen Macht und Geld euch platt.

Wir müssen wieder Lieder singen,
von Treue und von Einigkeit,
die Wende kann nur so gelingen,
wenn wir zum Kampf bereit.

Steht endlich auf, erhebt das Schwert,
hört nun auf zu klagen,
Malocher haben gleichen Wert,
das will ich damit sagen,

Sperrmüll !
(mein alter Stuhl)

Mein alter Stuhl steht auf der Straße,
von Gerümpel umringt.
Der Stuhl auf dem einst mein Großvater saß,
nass vom Regen.
Die Lehne brüchig,
wie der Frieden auf der Welt.
Wurmstichig, nichts mehr wert,
einfach alt!

Er wird entsorgt,
meine Gedanken rasen
„Wann" werde ich entsorgt,
einfach so, morgen ?
In zwei Jahren ?

Die Müllmänner kommen,
schnell nehme ich meinen alten Stuhl,
auf dem einst mein Großvater saß.
Große Freude erfasst mich,
ich bringe ihn zurück auf seinen Platz,
meinen alten Stuhl.

Alter Stuhl,
Aquarell von Norbert Scheurig

Original Bild,
aus wikimedia commons
Urheber: Annika Laas

Ansichten eines Alien

Wachstum, Mehrwert, Politik,
habt ihr nicht mehr in eurem Hirn?
Liebe, Freude und Musik,
gibt dem Leben neuen Sinn.

Ihr seht nur Reichtum, Geld und Macht,
könnt nicht einfach glücklich sein?
wann habt ihr zuletzt gelacht,
eure Herzen sind aus Stein.

Ihr feiert große Feten,
fahrt im teuren Blech herum,
andere nur treten,
Menschlichkeit ist still und stumm!

Ihr baut Paläste, riesig Turm,
„Spezies Mensch" dem Tod geweiht,
Drum werdet kleiner als ein Wurm,
sonst ist das Ende nicht mehr weit!

Faschismus!

Wenn der Faschismus siegt,
ihr alle kriegt,
aufs Maul und Qual und Leid,
seid bereit.

Gespräche wurden schon begonnen,
Lager, für Menschen die zu uns kommen,
ich sage klipp und klar,
KZ wird wieder wahr.

Seid still und leise, wehrt euch nicht,
wenn kommt der braune Stinke Mist,
sonst werdet ihr einst abgeholt,
und umgepolt!

Klar, ich will euch nicht erschrecken,
ich will euch alle auferwecken
dass keiner von euch sagen kann
„Nein" wir war´ n nicht schuld daran.

Dann wird „NIE WIEDER" wahr,
ich hoffe das ist allen klar,
schieb ihn weg,
den alternativen Dreck!

Lest mal ein Gedicht,
das Kurt Tucholsky spricht, von
„Rosen auf den Weg gestreut"
ich hab das lesen nie bereut!

Foto aus Wikimedia Commons
Urheber Lubomir Rosenstein

Im Durchschnitt!

Im Durchschnitt gesehen,
muss man verstehen,
dass wenige Millionen haben,
und viele andere darben.
Sagt es endlich, voller Mut,
im Durchschnitt geht es allen gut!

Auch so mancher reiche Mann,
lebt länger als der arme kann,
für diesen zählen Preise nicht,
ganz anders als beim armen Wicht.
Sorgt euch nicht, vergesst Gewalt,
im Durchschnitt werden alle alt!

Die Rente reicht dir nicht zum Leben,
muss zehnmal mehr den Reichen geben,
man sagt, dir wird im Herzen warm,
mit sechshundert Euro bist du nicht arm.
Das erzeugt in dir oft Groll,
im Durchschnitt ist die Rente toll!

Dein Kopf wird kalt dein Fiedle heiß,
dann leg dein Fiedle in das Eis,
den Kopf ins heiße Ofenrohr,
nun geht es besser als zuvor.
Damit ist der Beweis erbracht,
dein Herz im Durchschnitt wieder lacht!

Leben ist schön

Leben ist schön,
trotz bitterer Gefühle.
Leben ist verstehen,
wenn es auch schwer fällt.
Leben ist nur einmal,
absolut real.
Leben ist hinterlassen,
nicht hassen.
Leben ist geben,
um es zu erleben.

Rückschau, Vorschau oder so

Kapital und Macht
hat nichts gebracht,
Globalisierungsvision
das habt ihr davon.

Vom Jäger zum Sammler,
vom Bauern zum Gammler,
doch ihr wolltet mehr,
nun habt ihr es schwer.

Ihr wolltet leben
wie der König von Theben,
das war nicht schlau,
jetzt droht der Gau.

Ihr produziert,
das Kapital diktiert,
die Arbeit ist schwer,
für wenig Salär.

Seid ihr einst krank,
erwartet kein Dank,
es ist eben so,
im menschlichen Zoo.

Werdet ihr alt,
sei es auch mit Gewalt,
Rente gibt´ s dann,
glaubt nicht daran.

Irgendwann,
ist sterben dran,
das war s dann wohl,
„Lebet wohl"

Bild: August Macke
(aus Wikimedia Commons)

Rote Rosen,

Send euch heute rote Rosen,
um neues zu verstehen,
die Welt verändert sich,
altes wird vergehen.

Es war doch immer so,
junges Denken strebt nun auf,
gibt dieser unserer Zeit,
neuen Weltverlauf.

Klar es ist doch wunderbar,
dass Jugend die Welt verändern will,
was manchen sturen Alten zwar,
nicht sehr gefallen will.

Denkt zurück an eure Zeit,
einst ihr als junge ward bereit,
neue Dinge zu erkennen
und freudig es beim Namen nennen!

Nur eins was mir sehr wichtig ist,
verteufelt Nazi – Politik,
weil ich als Nachkriegskind,
erlebt wo die Probleme sind.

Drum sage ich als alter Mann,
lasst endlich mal die Jugend ran,
um neue Dinge zu entdecken,
die keinen auf der Welt erschrecken.

Foto: Norbert Scheurig

Macht!

Schweigend sprechen,
lautlos schreien,
Nebelwand
vor dem Gesicht,
Leid das sieht man nicht.

Blind und taub,
nicht hören und nicht sehen,
alle gleich,
Gerechtigkeit
bald ist es soweit.

Die „Macht" wird einst
zur tauben Nuss,
denn die ,
die immer machtlos waren,
machen damit Schluss!

Wenn wir all
zusammenstehen,
gemeinsam gegen Mächte gehen,
wird aus jeder Macht
ein *„Mächtle"* einst gemacht!

Die Welt meiner Gedanken.

Die Welt meiner Gedanken,
erheben sich!
Tiefe Sümpfe der Falschheit vergehen,
im Trommelwirbel der Wahrheit!

Gerechtigkeit steht auf,
zerstört Mauern der Macht.
Schwarzwolken leuchten bunt
im Schein des Lebens.

Braundunkler Beton bröckelt,
zermahlen in Wachsamkeit des Seins.
Heftige Stürme verwehen,
Gedanken der Vergangenheit!

Trompeten, Posaunen schreien laut,
im Orchester des Lebens.
Einst und irgendwann, erkennt man dann,
ihr Schrei war nicht vergebens!

Halleluja, Würde, Frei,
Gedankensümpfe trocknen aus.
Alle gleich auf dieser Scheibe …!
dank euch für Applaus!

Bild. Norbert Scheurig. Sprühfarbe auf Papier

Neue Lieder

Singe neue Lieder, Mensch,
von Freiheit für jeden,
von Gleichheit für alle,
von Brüderlichkeit.

Teile, denn der Planet
gehört allen,
nicht nur dir allein,
egal wo du lebst.

Es werden immer mehr,
für die Gleichheit
nicht nur ein Wort ist,
sie leben es vor.

Deine Haut ist dunkel,
aber du bist mein Bruder,
sehe dein Blut,
es ist rot wie meines.

Ach so, dein Glaube
ist ein anderer als meiner!
Der Glaube ist kein Problem,
sondern was Menschen damit tun.

Zeichnung von Norbert Scheurig

Natur

Natur, Natur du trauerst schon,
du müsstest sterben jammerst du,
diesmal kämst du nicht davon,
man drücke dir die Kehle zu.

Deine Adern, die Bäche, Flüsse und Seen,
dein Körper, die Wälder, Wiesen, Berg und Tal,
vergifte man mit Säure und Arsen,
selbst die Tiere wittern deine Qual.

Deine Nahrung, der Regen wäre sauer und schwer,
deine Atemluft stänke nach Rauch und Benzin,
Natur, Natur du willst nicht mehr,
so hätte dein Leben keinen Sinn.

Aber Natur, du wirst schon sehen,
lass nur noch einige Zeit vergehen,
dann wird der, der dir so große Wunden schlug,
sich selber schlagen, Zug um Zug.

Nazi Gene!

Nach Millionen Toten,
Qual und Mord.
warn solch Gene,
plötzlich fort!

Sie sind erwacht,
sind wieder da.
schreien laut
Hurra, Hurra!

Keiner wollt dem Leid
mehr folgen,
nie wieder, war das Ziel.
altes Denken, neues Spiel!

Haben wir all,
das Denken vergessen,
sind nicht mehr immun
gegen neues Nazitum!

Klar man wollte,
denen da oben zeigen.
wie sehr wir hungern
und leiden!

Ich beende mein Gedicht,
müsste sonst
noch Worte sagen,
die mich verklagen!

Originalfoto: Norbert Scheurig

Klar,
ist gestern nicht heute,
aber wichtig für morgen!

Politik, ach Politik,

hinten hoch
und vorn zurück.
Oben stehen,
nach unten sehen,
nichts verstehen.

Politik, ach Politik,
allen
ein gerechtes Stück.
Doch an Taten
wird man messen,
nicht vergessen.

Politik, ach Politik,
nach vorne
richte deinen Blick.
Dein Versprechen,
nun nicht brechen,
wär Verbrechen.

Politik, ach Politik,
bleib wahrhaftig,
ehrlich fair.
denn sonst
wählt dich
kein Wähler mehr!

Herzen schreien nicht.

Herzen schreien nicht,
sie leiden still,
mancher Sturm umweht sie.
Stürme des Glücks,
oder des Unglücks?
Warum nur warum?

Das Leben ist schön!
Glückseligkeit ist doch so nah,
erkennt ihr es nicht?
Öffnet euch.
Vergesst alle Schmerzen,
Bitterlich weinen ist keine Lösung.

Öffnet euch.
Seht und ihr werdet erkennen,
seht und ihr werdet nicht mehr traurig sein.
Seht die Liebe und das Glück,
seht und versteht!

Den Weg den man geht!

Den Weg den man geht,
oft selbst nicht versteht.
An manchen Gabelungen,
ist man gezwungen,
in sich zu gehen,
klare Richtung zu sehen.

Doch irgendwann,
erkennt man dann,
den Weg den man ging,
war falsch, ohne Sinn.
Steht auf dem Steg,
wo es weiter nicht geht.

Dunkel im Sinn,
wo gehe ich hin,
geh ich links oder rechts,
eventuell geradeaus,
gedanklich verwirrt,
es wird mir zum Graus.

Zeit wird vergehen um klar zu sehen,
selber entscheiden, ein Weg ohne Leiden.
Eigenes Denken, eigene Werte,
ist der richtige Weg,
damit man am Ende vom Weg,
nicht steht auf dem Steg!

Bild: August Macke
Gemeinfrei aus Wikimedia Commons

War im Urlaub!
(oder am Abendbuffet)

War im Urlaub,
Super Hotel,
Essen und trinken,
sensationell.

Teller voll.
bis zum Rande,
mancher Proll,
ist eine Schande.

Sich überschätzt,
zu viel genommen,
ich bin entsetzt,
ab in die Tonnen.

Selbst Kuchenbelag,
hab´ s gesehen
kratzen sie ab,
kann`s nicht verstehen.

Manche sind Säue,
ohne Verstand,
jährlich auf `s neue
Sorry Urlaubsland !

Alter Wagen.

Lieber alter Wagen,
hast uns schon viel getragen,
beweget nur von einem Pferd,
warst für uns voller Wert.

Alter Wagen,
wir mögen dich sehr,
weil du getragen,
was für uns zu schwer.

Flecken!

Manch Gemüse, manches Obst
hat so manche Flecken,
als wollte die Natur
ihr bestes nur verstecken.

Im Supermarkt kann man erkennen,
das beste nur vom Besten,
tolle Farben, keine Flecken,
auch nicht in alten Resten.

Gespritzt, gedüngt und ein geölt,
Schönheit bei den Käufern zählt,
wichtig ist es sieht gut aus,
egal ob Gifte sind darauf.

Mein alter Apfelbaum und ich,
sehen solche Flecken nicht,
seit Jahren gibt er mir sehr viel,
Äpfel ohne Gift im Spiel.

Auch Würmern ist er oft ein Haus,
die schneide ich ganz einfach aus,
denn Natur in ihrem Denken,
will allem Leben, Leben schenken!

Bild: Gustave Courbet
(Öl auf Leinwand)
Aus Wikimedia Commons

Zeichnung von Fritz Stoltenberg um 1883

Die alte Windmühle
(und ich)
Einsam steht die Windmühle,
im stürmischen Land.
Manchem Sturm getrotzt,
sie verrottet und zerfällt.

Jubelnd stand sie im Wind,
man braucht sie nicht mehr!
Ihre Windflügel hängen herab,
wie Arme eines alten Arbeiters.

Ersetzt,
durch Maschinen aus Stahl,
Verloren,
in der neuen Welt.

Ihr Fundament bröckelt,
Regentropfen rollen herab,
wie Tränen.
Ich weine mit ihr!

Ängstlich,
sehe ich meine Zukunft,
wann ersetzt man mich?
Bin ich bereits ersetzt?

Mensch oder Maschine,
gedankenlos,
manipuliert,
ich?

Foto: Norbert Scheurig

Toskana Träume.

Pinienwälder, Olivenhaine,
Berge aus weißem Gold.
Natur blüht dort noch ungehemmt,
was man Toskana Träume nennt.

Kultur des Landes zu erleben,
ein Glas mit rotem Wein erheben,
Kunst und Pracht von einst erkennen,
möchte ich traumhaft nun benennen.

Florenz und Siena sehen,
in Lucca gern spazieren gehen.
Ab und zu im Meere schwimmen,
ein neues Leben nun beginnen.

Ohne Eile ohne Hast,
ohne Qual und ohne Last.
Ohne streben nur nach Geld
Ach, das wäre meine Welt.

Spaghetti alla Vongole essen,
Antipasti nicht vergessen.
Oliven mit oder ohne Stein,
das wär fein!

Nach zwei Wochen ist dann Schluss,
weil man Geld verdienen muss.
Fünfzig Jahr hab ich´s getan,
nun Rentner und Italien Fan!

Doch ich mach mir Sorgen,
für morgen.
Man will wieder Grenzen bauen,
und Europa uns versauen!

Farbenpracht!

Bunte Blüten, glaubt es mir,
sind meines Gartens schönste Zier.
Es ist schon wie es immer war,
bunt macht alle Wünsche wahr.

Zwischen drin sind braune Flecken,
die mich sehr erschrecken.
Die wunderschöne Blütenpracht,
wird vom braun kaputt gemacht.

Verwelktes braun aus alten Zeiten,
ist für bunte Blütenpracht,
nicht gemacht,
ich reis es raus und aus!

Nun ist mein Garten wieder schön,
kann keine braune Flecken sehn.
Doch sind die Wurzeln immer da,
wer sie begießt, vergaß was einst geschah.

Ich wünsche allen Gartenfreunden,
Farben die nur Freud bedeuten.
Verwelktes braun soll nie mehr sein,
bunt soll unsere Zukunft sein.

Das Gesicht

Manches lacht und manches spricht,
manches weint, danach zerbricht.
Manches voller Zorn und Hass,
manches voller Freud und Spaß.

Jedes ist ein Unikat,
ob harte Züge oder zart.
Jedes Gesicht auf dieser Welt,
wir einst mit gezählt.

Doch für manches Angesicht,
zählen andere Gesichter nicht.
Einst macht man auch Gesichter platt,
deren Bauch war immer satt.

Irgendwann, ihr könnt mir glauben,
schließen Gesichter ihre Augen.
Dann fragt man dein Gesicht,
hast du geholfen, „oder nicht"

Foto Birgit Scheurig

Gedanken hören

Wer Gedanken nicht mehr hören kann,
die man in den Augen sieht,
nur Lichter Fetzen dann und wann,
vom Leben ist besiegt!
Kreischen,
Klirren,
Totenstille,
jedes Denken tot.

Münder bleiben still und leise,
das sind die Preise,
dass Menschen nicht mehr menschlich sind,
nur noch Egoisten sind.

Lachen, Weinen,
Freundlichkeit.
Für die Seele Brot,
sonst ist sie bald tot.

Foto: Kenneth Weidlich

Der letzte Glockenschlag.

Wenn dieser Glockenschlag ertönt,
zu spät,
dass man sich nun versöhnt.
Nie mehr schimpfen, kein Geschrei,
Ende aus es ist vorbei.

Es schmilzt wie Eis, das Leben,
zu spät,
um Zuversicht zu geben.
Lüge, Streit und Neid und Hast,
warn des Lebens größte Last.

Anstatt wir uns am Leben freuen,
zu spät,
um Fehler zu bereuen.
es zählte nur noch Macht und Geld,
für manche Menschen dieser Welt.

Was ist der Sinn an unserem Sein,
Essen? Arbeit? Honig? Wein?
Oder ist es Menschlichkeit,
kapiert dies endlich,
es wird Zeit.

Die Glocke einst für jeden klingt,
alle Macht und Güter nimmt.
Jede Reue kommt
zu spät,
wenn man uns ins Grabe legt!

Palisaden

Schwaden geistiger Umnachtung,
umhüllen das Antlitz
brauner Seelen.
Unsinn und Wahnsinn
zeugen vom Leben der
Vergangenheit!

Braun gefärbte Palisaden
der Verlogenheit, verhindern grausam
„junges und neues Denken"
Doch manche Bohle
ist kurz nach dem Erfolg
von Lügen schon zerfressen!

Zerschlagt die tiefbraune Wand,
öffnet sie für neues Denken.
spürt die Wärme des Lichts,
für die Blüten der Gemeinsamkeit,
umgeben vom Saft der Menschlichkeit.
Denn braun ist verwelken und Tod!

Foto: „Wolfgang Sauber"
Aus Wikimedia Commons

Stimmengewirr !

Manche Stimmen das ist klar,
nimmt man heute nicht mehr wahr!
Auch Politik und Strafgericht,
hören wahre Stimmen nicht.

Nun müssen wir uns hinterfragen,
in allen unseren Lebenslagen,
sind Stimmen uns egal,
viele tausend an der Zahl!

Freiheit kann uns nur gehören,
wenn wir auf neue Stimmen hören.
Gemeinsam müssen wir erkennen,
und dieses auch beim Namen nennen!

Damals in der alten Zeit,
war man zu Hass und Krieg bereit.
Drum sage ich geradeaus,
Europa unser friedlich Haus.

Seelenschmerz

Wenn einst die Sonne nicht mehr scheint,
Wiesenblumen nicht mehr blühen,
wenn Gefühle bitter weinen,
dunkles Licht das Herz umhüllt.
Gedanken voller Qual und Pein,
wird unsere Welt vergangen sein.

Doch, ein kleiner Funken,
der früher war ein leuchtend Blitz,
wird ewig nun im Herzen bleiben,
immerdar und ewiglich.

Weint nicht nur vor lauter Kummer,
erfreut sollen die Menschen sein.
der Wiese Gras wird wieder grünen,
Blüten wieder Blüten sein.

Irgendwann vergeht ein jeder,
im Licht wird man sich wiedersehen,
dort wo alle Menschenherzen,
sich lieben und verstehen.

Das letzte Hemd hat keine Taschen!

Schon immer war es dasselbe Spiel,
wir Menschen haben nur ein Ziel,
Geld und Macht,
bis die Schwarte kracht.

Grausam ist die Wirklichkeit,
zu leben sind wir nicht bereit,
nur raffen bis zum Ende,
wann endlich kommt die Wende.

Denkt nach was man euch heute sagt,
einmal kommt der Herzinfarkt,
zu spät um dann das Leben, leben,
und anderen Menschen Freundschaft geben.

Einst kommt der letzte Atemzug,
nun ist Schluss mit „Lug und Trug"
das letzte Hemd hat keine Taschen,
mit nichts wird der Planet verlassen!

Freiheit !

Freiheit ist nicht,
aufstehen, arbeiten, essen, schlafen.
Freiheit ist nicht,
am Monatsende auf seinen Lohn zu warten.
Freiheit ist nicht,
sich von den Herren verdummen zu lassen.
Freiheit ist nicht,
Menschen von anderen Völkern zu hassen.
Freiheit ist nicht,
nur Macht und Geld zu haben.
Freiheit ist nicht,
sich an der Arbeit von anderen zu laben.
Freiheit ist nicht,
alles haben zu wollen.
Freiheit ist nicht,
dem Knecht keinen Respekt zu zollen.
Freiheit ist nicht,
nur Egoist zu sein.
Freiheit ist nicht,
für dich allein.
Freiheit ist,
wenn die Sonne für alle scheint,
ein Leben in Würde und Gerechtigkeit!

Dschungel des Seins!

Vom Dschungel des Seins
verschlungen,
mit dem Leben oft
gerungen.

„Er", der gerne Lieder sang,
von Freiheit und von Ehre,
in manche Menschenseele drang,
spürt heute nur noch Leere.

Er mag Gedichte, Bertolt Brecht,
mag seinen Pflaumenbaum,
etwas ist dabei nicht recht,
dass um den Baum ein Zaun.

So ist es auch im Menschenleben,
wenn man von Gittern ist umgeben.
Reißt solche Zäune nieder,
lebt in Freiheit, wieder.

Drum sage ich, bin alter Knecht,
vieles hier ist nicht gerecht.
Alle Menschen wollen leben,
bitte euch danach zu streben!

Schweigen und schreien!

Wenn Worte schweigen,
schreien die Waffen.
Aber ....!
Wenn Worte schreien,
schweigen die Waffen.

Bild von Eva Kröcher (Eva K.) (Bronzeplastik „Krieg"
von Richard Biringerin Frankfurt-Höchst)

Das Dorf am Ende der Welt.

Im Dorf am Ende der Welt,
herrscht Friede unterm Himmelszelt.
Verschlafen liegt es an einem See,
im Sommer heiß, im Winter Schnee.

Natur im Gleichgewicht mit Mensch und Tier,
auf der Weide acht Kühe ein Stier.
Es gibt zwölf Häuser und eine Kapelle,
zum Glück gibt es keine Bushaltestelle.

Kein Motorengeheul und kein Geschrei,
Zivilisation geht hier noch vorbei!
Keine Kneipe wie wir sie kennen,
ein kleiner Raum, den sie Wirtschaft nennen.

Man trinkt eigenen Wein und eigenen Most,
bei Feiern isst man Fleisch vom Rost.
Werktags wird der Raum als Schule genutzt,
Samstags wird geschmückt und geputzt.

Sonntags wird in der Kapelle die Messe gelesen,
von einem der früher Priester gewesen.
Alle sind glücklich, alle sind frei,
„doch" eines Tages war dies vorbei!

Es kamen Anwälte von Tourismus Bossen,
das Dorf wird für Touristen erschlossen.
Sie hielten Verträge in der Hand,
genehmigt, gestempelt von Regierung im Land!

Jahrhunderte zählten Handschlag und Wort,
nun mussten alle Bewohner fort.
So gesehen ist das ein Verbrechen,
drum muss man die Macht von solchen brechen!

Ihr Glücklichen, ihr Armen dieser Welt,
erhebt euch gegen Reichtum und Geld.
Steht auf, versteht, erkennt,
was man als gerecht benennt!

Bild: August Macke
(gemeinfrei aus Wikimedia Commons)

Das Licht !

Ein heller goldener Schein,
dringt zum Fensterschlitz herein,
als wollte er mir sagen,
folge mir, du wirst vom Licht getragen.

Meine Gedanken, meine Sinne,
vernehmen diese leise Stimme,
mir scheint als trüge mich das Licht,
bis zum Scheitel wo es bricht.

Ich spüre Liebe, Wärme, Güte,
mir ist als ob ich in den Himmel stiege,
immer höher hoch hinauf,
das Licht ist da, ich bin wohlauf.

Plötzlich dort!, ein neues Land
Menschen, sie heben ihre Hand,
Da, Auf der linken Seite ganz hinten,
sehe ich meine Großeltern winken!

Um sie herum ein Blumenmeer,
schnell will ich hin, es geht nicht mehr,
ich stehe vor einer unsichtbaren Wand,
mir ist, als gäbe das Licht mir seine Hand.

Das Licht sagt: „schnell wir müssen gehen"
Der Schöpfer kommt, du darfst ihn noch nicht
sehen,
bedrückt und traurig wende ich mich ab,
gehe mit dem Licht den Stieg hinab.

Auf dem Weg zurück ins Leben,
voller Hoffnung, voller Segen,
kommt ein Gedanke in mir auf,
es geht weiter nach dem Lebenslauf!

Wenn die Seele einst dem Körper entweicht,
haben wie eine neue Stufe erreicht,
ich freue mich auf diese Zeit,
im Land der Liebe und der Freundlichkeit!

Originalfoto: Norbert Scheurig

Zwischen den Zeilen lesen!

Zwischen den Zeilen lesen,
ist kein erkennen,
nur inneres brennen,
das Herz und Seele zerstört.
Der, der es schrieb,
dachte nicht,
dass durch sein Gedicht,
manches zerbricht !
Er will nur sagen,
ohne zu klagen,
dass vieles nicht stimmt,
die Seele verglimmt !
Erkennt man aber seine Worte,
ohne zwischen den Zeilen zu lesen,
wird Herz und Seele genesen !

Zum Schluss noch etwas zum nachdenken!

Wo Hass lebt, stirbt die Kultur!

Hobby – Dichter Norbert Scheurig schreibt auch
sehr gerne Fantasie Geschichten: zum Beispiel

Norbert Scheurig
Siebenland
Fantastische Geschichte

Norbert Scheurig und
Stella Steinmann di Santo

**Die Prinzessin und
der Fischer**

Oder das absolute Highlight:
„Freiheit und andere Dinge"
Gedichte die bewegen!

Norbert Scheurig

Freiheit und andere Dinge

Herstellung und Verlag:
BoD- Books on Demand, Norderstedt
ISBN: 9783752804218